APPEL

AUX

OUVRIERS CITOYENS!

Par J. THÉODELPHE,

ANCIEN OUVRIER.

PRIX : 10 CENTIMES.

PARIS.

CHEZ DESLOGES, ÉDITEUR,

RUE SAINT-ANDRÉ-DES-ARTS, 59.

Février 1848.

AUX
OUVRIERS CITOYENS!

Par J. THÉODELPHE,

ANCIEN OUVRIER.

LE PRODUCTEUR,

Celui dont le travail fait la force et la grandeur des nations civilisées ;

Celui qui arrose la terre de ses sueurs pour la couvrir de pampres et de fruits, et d'abondantes moissons ;

Celui dont la main transforme la matière brute en merveilles de l'industrie et des arts ;

Celui qui, trop longtemps, avec résignation et sans murmures, a couvert la table succulente du riche par ses privations et ses labeurs ;

Sera-t-il éternellement déshérité, exploité, trahi ?

—

Ouvriers Citoyens !

L'un de vos anciens camarades, qui a quitté, il y a quelques années à peine, la navette et le battant pour se livrer aux travaux de l'intelligence, croit pouvoir à ce titre vous adresser quelques sympathiques conseils, au milieu des graves et solennelles circonstances où vient de nous placer notre glorieuse Révolution du 24 février 1848 !

Il y a dix-sept années que l'indignation bouillonne dans notre âme ! Il y a dix-sept années que nous nous faisons tous cette douloureuse question : « Le producteur, celui auquel la société doit tout, sera-t-il, *lui*, éternellement déshérité, exploité, trahi ? » Il y a longtemps aussi que je partage cette indignation, et que je brûlais du désir de faire un grand appel à votre courage ; mais les serpents de la police sifflaient sur nos pas !

Aujourd'hui, cette solennelle question de l'émancipation des travailleurs est résolue. Aux stériles discours des satisfaits gorgés d'or, aux hypocrites sympathies d'une opposition plus stérile encore, vous avez répondu par l'expression d'une sainte et légitime colère : vous avez, en un jour, balayé vos derniers Tarquins, et reconquis à la France la *liberté*, l'*égalité* et la *fraternité !*

Vous avez choisi, pour veiller provisoirement au salut de la patrie, des hommes qui en sont dignes ; leurs actes justifient, tous les jours, toutes les heures, votre confiance.

La République française de 1848 ne sera plus un sanglant et douloureux essai que viendra absorber et s'approprier le despotisme; notre gouvernement provisoire vient de jeter à sa base la maîtresse-pierre de l'angle, qui sera le plus ferme et le plus glorieux soutien de notre édifice social : l'abolition de la peine de mort en matière politique!

Mais, Citoyens Camarades, notre conquête du 24 février n'a pas terminé notre tâche, elle n'a fait que la commencer; notre rôle est grand et difficile, nos pères y ont échoué. Soyons circonspects, mais soyons fermes, vertueux et dignes, et l'avenir est à nous!

Ce rôle va commencer par l'envoi des représentants de la nation à Paris, pour s'y constituer en assemblée nationale et nous donner des institutions grandes et fortes, appropriées aux besoins de tous et de chacun.

Cette assemblée sera constituée en vertu de l'impérissable et éternel principe de la *souveraineté du Peuple*.

Elle ne pourra délibérer qu'en vertu de ce principe.

Le Peuple, ce sont tous les citoyens ayant âge de majorité, ayant titre et qualité d'homme.

Le Peuple, ce ne peut plus être une classe d'hommes ignorants et dangereux, séparés de la société proprement dite, repoussés et exploités par elle.

Le Peuple aujourd'hui, c'est toute la France.

Eh bien! c'est à maintenir l'intégrité du principe de la souveraineté du Peuple qu'il faut le plus fortement nous attacher.

Si ce principe est faussé dans son application, la République est perdue; les fruits de notre troisième Révolution seront encore dévorés par l'anarchie, l'anarchie absorbée par le despotisme, et le Peuple, ce que les riches appellent le *peuple*, encore déshérité, exploité, trahi!

Ouvriers Citoyens, notre sang aurait-il une troisième fois coulé en vain?

Je dis notre sang, car ce n'est point le sang des autres classes.

Parmi les noms immortels gravés sur le bronze de la Bastille, comptez les noms des riches, des banquiers, des millionnaires !

Parmi les cadavres déposés en ce moment à l'Hôtel-de-Ville, comptez encore leurs noms !

Je ne veux point vous porter à la haine des riches, des banquiers, des millionnaires ; ce sont des hommes, ce sont des Français, et, à ce titre, ils sont nos frères ; mais je veux vous montrer la vérité !

Nous laisserions-nous prendre encore à l'appât trompeur des promesses des rhéteurs de tribunes et des hypocrites dévoûments ?

Serait-ce quelques poignées d'or jetées à nos frères, à nos veuves, à nos orphelins, par la peur, peut-être plutôt que par la sympathie, qui nous endormiraient encore dans une fausse sécurité ?

Frères, nos ennemis ne sont point à la frontière ; l'Europe tremble au nom de République française !

Nos ennemis, ce sont les ogres qui nous dévorent depuis des siècles, qui nous dévorent depuis 17 ans !

Nos ennemis, ce sont ceux qui nous *faisaient* égorger hier, et qui *tournent* lâchement aujourd'hui à notre cause ; qui criant vive la République ! vont nous caresser, nous aduler pour reparaître au pouvoir sous d'autres couleurs, sous d'autres titres, et nous dévorer sous d'autres formes !

Songez-y, ô travailleurs ! notre tâche ne fait que commencer ; de tous nos ennemis, nous n'en avons chassé qu'*un seul* !

Est-ce à dire qu'il faut chasser les autres ? A Dieu ne plaise, gardons-nous en bien ; dix sortiraient que cent autres naîtraient sous leurs pas ; ce n'est point aux hommes qu'il faut nous en prendre, c'est aux institutions qu'il faut modifier, changer, bouleverser même, jusqu'à parfaite régénération de notre état social.

Toutes les lois qui nous régissent, religieuses, mo-
rales et politiques, ont été faites PAR EUX et POUR EUX.

Voilà pourquoi, ô travailleurs ! vous avez été jusqu'à
ce jour déshérités, exploités, trahis !

En religion, on a transformé un Dieu de paix et de
charité, un Dieu souverainement miséricordieux et
bon, en un Dieu terrible et vengeur, punissant l'ini-
quité des pères sur les enfants jusqu'à la troisième et
quatrième génération. On vous a dit : Sois soumis et
travaille, voilà ta portion sur la terre ; le bonheur pour
toi est dans l'autre monde.

En morale, on a défini la vertu ta renonciation à tous
les instincts légitimes, à toutes les passions dont la sa-
tisfaction est un besoin inhérent à la nature. On t'a dit:
Si tu as des enfants en trop grand nombre pour les
nourrir, il faut les laisser mourir de faim, ou les aban-
donner. Ce qui est à nous est à nous ; tes enfants n'y
ont aucun droit.—Si le produit de ton travail ne suffit
pas pour perfectionner ton intelligence et ton juge-
ment par l'instruction, tu resteras ignorant et grossier;
tu en sauras toujours assez pour aller nous défendre à
la frontière ou nous servir.—Si ton maître abuse de ta
faiblesse pour te frustrer du produit de ton travail, *il
sera cru sur son affirmation* (art. 1781 du Code civil), et
tu devras te soumettre sans murmurer, sous peine de
perdre même l'occupation qui soutient ta pénible exis-
tence. Il est libre de te la retirer !

En politique, ils sont allés aussi loin qu'il puisse être
donné à l'homme exploitant l'homme ! ils t'ont nié l'ins-
tinct même des besoins dont la bête de somme est
douée ; ils t'ont dit : tu ne possèdes ni terres, ni mai-
sons, ni revenus, tu es par conséquent incapable de
distinguer, de juger et discuter ce qui t'est réellement
utile ; nous allons distinguer, juger et discuter pour toi.
Ils ont affirmé que tu n'avais pas l'intelligence des bêtes
de somme, et tu t'es soumis !!

Et cependant les droits de l'homme ont été solennellement reconnus et proclamés dans nos deux premières révolutions ! C'est pour ces droits sacrés que nous avons combattu et versé notre sang ; c'est pour ces mêmes droits que nous venons de le verser encore.

Et deux fois la réaction nous les a ravis !

C'est que la réaction est semblable au serpent qui se glisse sous les feuilles, semblable à l'animal qui caresse sa proie pour mieux la saisir ! La réaction est astucieuse, hypocrite et persévérante ; les tartufes de la politique nous fascinent et captent notre confiance ; et nous, simples et naïfs, nous n'ouvrons les yeux que lorsque nos bras sont chargés de chaînes.

Ouvriers Citoyens, il ne peut plus en être ainsi! Ces sanglantes dérisions nous ont déjà trop coûté ; nous serions indignes du titre et des droits glorieux de citoyens que nous venons de conquérir une troisième fois !

Nous allons être entourés d'obstacles immenses dans l'exercice de nos droits politiques. Les uns nous pousseront au désordre pour avoir le droit de nous opprimer de nouveau, et de déclarer encore notre incapacité politique ; les autres viendront nous offrir de l'or pour soutenir la cause de je ne sais quel descendant de races proscrites, ou de quelque rêveur ambitieux.

Citoyens travailleurs, repoussons avec un égal dédain l'une ou l'autre de ces perfides suggestions ; mais soyons inébranlables dans l'énergique résolution que nous avons prise de faire triompher tous nos droits, en régénérant, par des réformes successives et jusque dans ses plus profondes racines, cette société décrépite et corrompue qui croule de toutes parts autour de nous !

Respect donc à la propriété, respect à notre gouvernement, aussi longtemps qu'il aura réellement pour bannière la *liberté*, l'*égalité* et la *fraternité*!

L'élection de l'assemblée nationale va s'effectuer par des assemblées primaires, où vous serez appelés à faire choix d'un homme de votre confiance, lequel, à son tour sans doute, devra voter pour envoyer un représentant à l'assemblée nationale. Que l'élection ait lieu par double vote ou par simple vote, il vous sera également difficile de connaître l'homme qui sera investi de votre mandat.

C'est ici qu'est le point culminant de la difficulté de notre position actuelle !

Si tous les citoyens concourent à l'élection, et que cette élection ne soit point profondément sage et d'une énergique indépendance, tous nos droits sont compromis !

Toutes les difficultés sont pour vous, citoyens, et toutes les facilités pour vos adversaires.

Vous n'avez ni le temps ni les ressources nécessaires pour vous occuper longuement de la chose publique, pour apprendre à connaître, par les visites, l'examen, la discussion, les hommes entre les mains desquels vous allez remettre nos destinées, l'avenir de la Patrie et de la République !

Vos adversaires ont la fortune, l'aisance, le temps et la connaissance des hommes de leur choix.

Si l'un des nôtres a l'intelligence, l'énergie et le patriotisme que réclame notre décisive situation, il n'aura peut-être ni le temps ni les ressources nécessaires pour écrire et publier un manifeste qui le désigne à votre choix.

Vos adversaires, au contraire, vont vous inonder d'écrits, de circulaires, de réclames, dans lesquels ils vous prodigueront les promesses, l'adulation, le mensonge à profusion ! ils iront même jusqu'à sonder votre probité, tenter de vous corrompre en vous achetant à prix d'or !

Citoyens Ouvriers, que notre mépris flétrisse à jamais de tels hommes s'il s'en présente à nous, et songeons que nos frères, ceux qui sont véritablement nôtres, sont les seuls qui feront briller à nos yeux le bonheur et la prospérité de la patrie, et au dehors, la grandeur et la force de la République !

Vous le voyez donc, frères, l'heure décisive a sonné d'asseoir sur des bases inébranlables notre indépendance politique, et de consacrer à jamais le principe éternel de la souveraineté du peuple pour lequel notre sang vient de couler une troisième fois !

A l'œuvre donc, Citoyens ! ne perdons pas un jour, pas une heure ; que de toutes parts s'organisent de vastes sociétés d'ouvriers, afin de se voir, de se concerter, de s'entendre ! qu'une souscription quelconque, mais permanente, vienne couvrir les frais de publicité, de circulaires qu'exigera cette vaste organisation de défense et de lutte parlementaire.

Que tous les membres de l'assemblée nationale soient salariés par la République, afin que toutes les classes y soient représentées.

Que tous les fonctionnaires en soient irrévocablement exclus.

Songez que vous êtes les plus nombreux, et que vous devez être à l'assemblée nationale, comme aux champs de bataille, comme aux barricades, *les plus forts et toujours victorieux !* que notre activité, notre ardeur, supléent à la fortune et à l'aisance ; la fortune et l'aisance honnêtes sont filles de l'activité, notre activité nous les donnera ensuite. Ce n'est point en entrant dans la lice que les vainqueurs des jeux sacrés étaient couronnés ; c'est après l'avoir parcourue !

A l'œuvre donc, camarades ! la France et l'Europe ont les yeux sur nous, sachons composer une assemblée nationale digne de la grandeur et des destinées de notre Patrie !

Ce n'est pas tout, qu'allez-vous exiger de vos candidats? le vieil édifice qui croule a besoin d'être refait pièce à pièce; il faut le leur imposer.

Laisserez-vous à un ambassadeur un traitement de 300,000 francs, le pain de cent familles dans l'aisance?

La République française ne sera-t-elle pas suffisamment représentée par sa grandeur et sa force?

Prodiguerez-vous à un ministre le pain de quarante familles?

À un archevêque, à un évêque, le pain de vingt familles? Leur divin Maître ne savait pas où reposer sa tête.

Prodiguerez-vous 40,000 fr. à un receveur général, à un préfet, pour donner des bals avec nos finances, au lieu de s'occuper de nos routes, de nos canaux, et d'une équitable répartition annuelle de l'impôt?

Supprimerez-vous l'odieux abus des privilèges de théâtre, qui condamne un laboureur des Bouches-du-Rhône ou du Nord à payer le divertissement des oisifs de nos grandes villes?

Souffrirez-vous qu'un chef de bureau palpe annuellement sur vos sueurs 10, 15 ou 20,000 francs pour faire *des cendres* en hiver de midi à trois heures du soir?

Laisserez-vous toujours complet, en temps de paix, les états-majors de l'armée pour dévorer le budget par des sinécures?

Souffrirez-vous plus longtemps cette sanglante injure faite à la majesté d'un peuple souverain : les Français sont égaux devant la loi, mais la loi n'est pas égale pour tous?

Votre maître est cru sur son affirmation, et votre voix méconnue, étouffée!

Il a le droit de vous jeter sans pain sur la rue, à son moindre caprice, et aucun tribunal ne peut le condamner à être juste et humain!

La justice se rend à prix d'or, et vous qui n'avez que

vos larmes et vos souffrances, on vous enveloppe en masse dans un éternel déni de justice.

Souffrirez-vous davantage l'exploitation des générations nouvelles par ces innombrables corporations religieuses, qui pousseront irrévocablement la France à une réaction nouvelle où s'engloutiront pour jamais nos libertés et la sainte cause de nos trois révolutions?

Exigerez-vous que l'instruction primaire de nos enfants soit une dette de la République, et que la loi incomplète et stérile du travail des enfants dans les manufactures soit modifiée, complétée et appliquée?

Exigerez-vous que votre indépendance de travailleurs soit assurée vis-à-vis de vos maîtres, comme ceux-ci sont indépendants vis-à-vis de vous depuis des siècles?

Exigerez-vous la juste part qui vous revient de l'invention des machines, *dont vos maîtres seuls ont profité jusqu'à ce jour, par la diminution du travail et l'augmentation des salaires?*

Laisserez-vous plus longtemps la France déboisée, et ses contrées les plus fertiles exposées tous les ans aux fléaux dévastateurs de l'inondation?

Souffrirez-vous plus longtemps que le budget de l'agriculture soit absorbé par de stériles dissertations scientifiques, des publications d'ouvrages et de brochures que le cultivateur ne lit jamais; des comices agricoles en gants blancs dont les délibérations sont complètement inconnues dans les campagnes?

Imposerez-vous à vos représentants la création de fermes-modèles dans les 362 arrondissements de la République, la création immédiate de greniers de réserve, qui n'exposent plus trente-cinq millions d'âmes, comme en 1847, aux horreurs de la famine ou à mourir de faim en cas de guerre continentale?

Laisserez-vous plus longtemps engloutir nos millions sur ce sol africain qui nourrissait jadis la république Romaine?

Vous ferez tout cela, Ouvriers Citoyens, si vous formez immédiatement des associations nombreuses, compactes et fortement unies par le sent ment du même patriotisme.

Vous ferez tout cela, si de vos sociétés électorales surgit une représentation nationale forte et digne, composée d'hommes réellement élus par vous, connus de vous, et dévoués énergiquement à vous !

Vous ferez tout cela, si vous comptez la faiblesse numérique de vos adversaires, et que pas un d'entre eux ne soit accepté par vous ou n'entre hypocritement dans vos rangs !

Vous êtes au moins dix millions d'électeurs, et vos adversaires sont au plus trois cent mille !

Eh bien ! il faut que le nombre des représentants envoyés par vous soit à dix millions, comme le nombre des représentants envoyés par vos adversaires, est à trois cent mille !

C'est-à-dire que sur cent représentans, soixante-huit doivent être envoyés par vous, et trente-deux par vos adversaires !

Si vous faites cela, Ouvriers Citoyens, la République est sauvée ! Si vos adversaires dominent encore, elle est perdue !

Et ne craignez pas que l'honorable ouvrier, l'artisan en blouse, choisi parmi vous pour représenter la nation, manque de savoir, de capacités ou de talent oratoire. Les grands hommes sortiront du milieu de vous comme par enchantement, parce que le patriotisme seul et la grandeur d'âme font les grands citoyens !

Imp. de Mme de Lacombe, rue d'Enghien, 12.